Le voyage du sac-à-cadeaux

AF137697

N°144 LUCIA

Le voyage du sac-à-cadeaux

N°144 LUCIA

ChaDaNel Créations

Éditeur : BoD-Books on Demand
12-14 rond-point des Champs-Élysées, 75008 Paris
Impression : Books on Demand, Norderstedt, Allemagne

Illustration : ChaDaNel Créations

ISBN : 9782322258055
Dépôt légal : 11 2020

À tous ceux qui ont pris part avec
enthousiasme à cette aventure,

Aux bienveillants,

Aux lectipotes,

Aux joyeux,

« N'écris que ce que tu es le seul à pouvoir écrire ».
Alexandre Jardin

22 mai, Yvette, Sud-ouest de la France

Oups... j'allais oublier... il faut absolument que je prenne cette photo aujourd'hui.

Puisque je suis obligée d'aller à la poste demain matin, il faut vraiment que je fasse la photo cet après-midi. Ah là là... Michel va encore râler, ça va être chaud. Mais bon, pas le choix, j'me lance !

— Michel ?

— Heinnnnnnnnnn ?

— Michel s'il te plaît, mon chéri ?

— Quoi encore ?

— Sur la route, entre ici et chez l'ophtalmo, pourras-tu t'arrêter deux minutes juste devant un panneau d'entrée d'agglomération, pour que je le prenne en photo ? ...S'il te plaît ?

— Un panneau ? Qu'est-ce que c'est encore que cette histoire ? Que veux-tu faire d'une photo d'un panneau ?

— C'est pour le blog... tu sais bien... euh... pour le sac-à-cadeaux

— Encore avec ce truc?!!

— Ne t'inquiète pas, on s'arrête deux minutes, j'accroche le sac sur le panneau, je prends la photo et l'affaire est dans l'sac. Pour deux minutes, si ça me fait plaisir, tu ne vas pas m'en faire toute une histoire, quand même ?

— OK, mais on partira cinq minutes à l'avance alors, parce qu'il est HORS DE QUESTION…

— Oui, oui, je sais : il est hors de question que tu loupes une seconde fois ton rendez-vous chez l'ophtalmo.

— Exactement, tu crois que c'est facile de regarder le foot quand on est myope comme une taupe !? Un peu plus et je vais prendre l'arbitre pour un joueur !

— Ne te fais pas de souci, j'en aurai à peine pour deux petites secondes. D'ailleurs, je prépare déjà tout mon matériel. Je m'en vais les mettre immédiatement dans la voiture, ainsi, pas de temps perdu !

— Ouais, c'est ce qu'on verra.

Je m'exécute sur-le-champ et au loin, j'entends hurler « Qu'est-ce qu'on MANGE ?!!?? »

C'est vrai que la dernière fois, c'est à cause de moi si Michel est arrivé en retard à son rendez-vous chez l'ophtalmo. J'avais insisté pour aller à la poste juste avant, j'en avais pour deux minutes. Mais un colis pour le Japon, je crois que la toute jeune postière n'en avait jamais vu ! Alors l'affranchissement fut laborieux… et long… beaucoup trop long… Résultat, un an et demi d'attente pour le prochain rendez-vous, et le football absolument flou, déjà que ce n'est pas toujours très clair entre les coups francs, les penalties et les cartons de toutes les couleurs, alors flou…

Bref, je trouvais que c'était une super idée pour le sac-à-cadeaux nommé « Japon », de se rendre dans ce pays, et qu'un court passage au bureau de poste ferait l'affaire. Heureusement, le paquet est finalement bien arrivé à destination. C'est déjà une bonne chose.

— Bon, tu es prête ? Alors, on est parti !

Dès notre départ, je commence à scruter le bord de la route, pour choper le premier panneau d'agglo venu. Il faut que j'en trouve un près duquel on peut s'arrêter facilement, sinon, Michel va m'en faire tout un cake… et je vais en manger pendant au moins un an… Et si possible avec un joli nom de ville, tant qu'à faire, ce serait tellement plus beau sur la photo et sur le blog. Ah je vois des indications annonçant les prochaines villes à traverser… oh mais en voilà un super chouette ! Il me le faut !!

« Lamontjoie » c'est de la joie, du bonheur, de la bonne humeur, à mon avis, mon écrivain préféré, Alexandre Jardin, serait fier de moi (de la joie… et encore de la joie !).

C'est indiqué qu'il faut tourner à gauche dans 4 km, il faut que je prépare Michel.

— Chéri, tu vois nous allons bientôt arriver à Lamontjoie, c'est ce panneau qu'il me faudrait en photo.

Pas de réponse… Michel reste concentré sur sa route, heureusement que pour conduire, il y voit bien… à peu près en tous cas… enfin, je crois… j'espère.

— Chéri, c'est là, TOURNE !!!

Coup de frein, il braque et s'arrête pile devant le poteau.

— Dépêche-toi, dans deux minutes, je décolle et après ça, je ne veux plus en entendre parler. Top chrono, c'est parti !

Je sors comme une folle avec le sac et l'appareil, je file, je fais vite, je suis à fond !

Flûte ! Je suis trop petite… ce panneau fait au moins trois mètres de haut. Je n'arriverai jamais à accrocher le sac, qui en plus est bien lourd… Aïe aïe, il va me tuer, c'est certain… Il fait mine de ne pas me regarder, il fixe sa montre… Ouille… À mon avis, il est cap' d'avoir enclenché le chronomètre de sa super montre multifonctions à quatre cadrans, qui donne même l'heure qu'il est à Vladivostok. Du coup, je vais me prendre la honte à toutes les heures, sur toute la planète.

Peut-être que je vais y arriver en grimpant sur le pot de fleurs, qui trône juste en-dessous… Non, pas possible… Il faudrait que Michel me porte. Qui ne tente rien, n'a rien. J'essaye, mais sans trop de conviction.

— Chéri, s'il-te-plaît, tu es assez grand toi ? *(il faut dire qu'un mari qui mesurerait trois mètres de haut, ça se saurait, et à la télé, il regarderait le basket, pas le foot ! Je rectifie)* enfin, je veux dire, tu peux me porter pour que j'accroche le sac ? Je suis trop petite!

Et là, tel un lion en cage, dont la porte s'ouvre soudainement, il bondit hors de la voiture, très énervé, euh, je dirais même plus.. très très énervé... Pourvu qu'il ne casse pas mon panneau en deux...histoire de le mettre à ma taille...

— V'là autre chose à c't'heure, il ne manquait plus qu'un numéro d'équilibristes en pleine rue ! Nan mais tu délires avec ton machin ! Laisse tomber, on s'en va.

— Allez, chéri, on ne va pas craquer si près du but, porte-moi, j'accroche le sac, je fais la photo, y en a pour deux secondes. Je t'en prie.

Michel respire à fond, histoire de maîtriser sa colère qui commence à bouillonner... D'un coup sec, sans crier gare, il me soulève et me repose, j'ai juste eu le temps d'accrocher une seule anse, mais, ce n'est pas le moment de faire la difficile, le sac est bien placé, il tient bien, pas de vent, grand soleil, je vais pouvoir prendre la photo à la vitesse de l'éclair... clic clac merci Kodak !

Le « clic clac » a été hautement spectaculaire, presque indescriptible. Ce hurlement brutal de mon prénom sur fond de coups de klaxon, de cris et de noms d'oiseaux... J'ai su en un centième de seconde (je crois ?) qu'il fallait sauter dans la voiture sans réfléchir, qu'il fallait oublier le panneau, l'appareil photo, tout, et monter au plus vite. Alors, j'ai foncé. J'ai juste eu le temps de grimper dans l'auto, qui était d'ailleurs déjà un peu en mouvement.

Figurez-vous qu'un camion-benne est arrivé juste au moment où je photographiais « tranquillement » la scène. Comment aurais-je pu imaginer que c'était l'heure du ramassage des poubelles ? Pas de bol, la rue est étroite et notre voiture, stationnée dans la précipitation, était un peu au milieu de la route. En vérité, elle bloquait complètement le passage du camion. Les éboueurs sont hyper pressés et mon Michel est fou de rage. À cause de moi, il s'est fait remarquer, klaxonner, huer ; autant dire l'humiliation totale. En plus, ils ont dû voir que nous étions en train de photographier un panneau, ils ont dû nous prendre pour des dingos, c'est sûr. En d'autres circonstances, j'aurais trouvé la situation très drôle, mais là, ce n'est pas de la rigolade. Ils n'ont pas l'air commode, on dirait des Vikings, et mon mari, ce n'est pas mieux... alors, vite, fuyons... !

Dans la voiture, du côté passager, l'heure est au profil bas, au silence, à la transparence. Je ne bronche pas d'un pouce. Il faut dire qu'à la vitesse à laquelle je me suis jetée dans le véhicule, je n'ai pas trop pu m'installer correctement. Je suis un peu en vrac, mais je reste immobile. De toute façon, je ne peux pas tellement bouger car ma veste est coincée dans la portière. Ma posture n'est pas élégante mais, en plus, elle est douloureuse. Je ne vais pas pouvoir rester ainsi bien longtemps. Dans ma tête, je me concentre pour me convaincre que je ne suis pas là, pour me téléporter chez l'ophtalmo. Au moins, je suis sûre d'y arriver à l'heure et de ne pas voir ni entendre la colère de Michel. Oui, c'est impec, la téléportation, c'est la solution qu'il me faut. C'est Star Trek le retour. De cette manière, j'y serai avant Michel, et s'il est en retard, je pourrai tenter de faire patienter le médecin. Par contre, il faut que je me téléporte sans ma veste, vu qu'elle est coincée..

Au fait, où est l'appareil photo ? Je ne sais plus s'il a sauté avec moi dans l'auto ou s'il s'est écrasé par terre avant de monter…

Là, il faut que je fasse une prière, car si je l'ai laissé tomber, il aura été écrabouillé par le camion. Depuis que nous avons redémarré, Michel n'a pas émis le moindre son, ce n'est pas bon signe mais, à choisir, c'est quand même mieux que de l'entendre crier. Sa colère finira bien par s'exprimer, mais pour l'instant, j'apprécie son silence au maximum. Je vais d'ailleurs en profiter pour améliorer ma position assise car je n'en peux plus, j'ai trop mal. Voilà, c'est mieux. Ah ben d'accord, j'ai retrouvé l'appareil photo, j'étais assise dessus, d'où la douleur. L'écran est noir : soit l'appareil est éteint, soit il est cassé. Je ne peux pas voir pour l'instant si j'ai réussi le cliché ou pas, mais nous sommes bientôt arrivés, j'y regarderai dans la salle d'attente pendant que Michel lira l'alphabet du plus grand au plus petit. Parce que si j'y touche maintenant, Michel éclate. Je veux dire, sa colère éclate. Et il sera tout rouge quand on va arriver chez l'ophtalmo.

Quelle magnifique photo ! Belle lumière, bien centrée, superbe ! Le panneau est parfait, en plus avec ce très beau sac suspendu, c'est... c'est une CATASTROPHE ! (une enclume vient de me tomber sur la tête !) Flûte ! Le sac Lucia !! Je ne l'ai plus, je l'ai laissé sur le panneau ! Mais quelle cruche ! Avec les cadeaux dedans ! J'étouffe un demi-cri de désarroi, dans le silence assourdissant de la salle d'attente. Mon Dieu, ce n'est pas possible, il me FAUT le sac ! Comment vais-je faire ? Voyons, voyons, prenons deux grandes respirations profondes, c'est un bon début. Pas de panique, ce n'est qu'un sac, pas de panique. Voilà je suis à peu près détendue, zen, réfléchissons.

Bon, le sac est bien accroché. Il n'y a pas de vent, il ne va pas s'envoler surtout avec le poids du gros livre qui est dedans, il ne pleut pas, il fait grand beau temps. Il ne va pas se désintégrer. À l'intérieur, rien ne casse, rien d'indispensable, rien d'irremplaçable. J'y ai mis un disque, des biscuits, des pruneaux, quelques rubans et un livre. Les biscuits ne sont pas au chocolat, ils ne devraient pas fondre. Les pruneaux sont déjà secs d'avance, ils risquent peut-être au pire de se bonifier au soleil. Le livre parle d'une catastrophe, on est totalement dans le thème. Pour le 45 tours, il est de Johnny, qui avait l'habitude de transpirer abondamment. Conclusion, pas de soucis avec le soleil. Par contre, ce qui est unique, c'est le sac de Lucia. C'est le sac-à-cadeaux N°144 qui a été cousu tout spécialement pour Lucia, qui est une mignonne petite fille, qui lutte au quotidien contre son handicap. C'est à elle que nous pensons, mes copines et moi, quand nous faisons voyager ce sac-à-cadeaux entre nous. Je dois l'expédier sans faute demain matin à Marraine. Je m'y suis engagée, c'est mon devoir.

La meilleure solution est de reprendre le sac après le rendez-vous, sur la route du retour. Oui ! Peut-être que, d'ici là, Michel sera calmé et acceptera de s'y arrêter à nouveau. Mais, je le sens mal quand même ce plan-là. Bon, je vais oser et s'il refuse, j'irai voir la voisine pour qu'elle m'emmène chercher le sac dès ce soir ou demain matin de bonne heure, avant d'aller à la poste. Oui, c'est bien ça, j'ai donc trois solutions, ce ne serait carrément pas de chance si aucune ne devait fonctionner. Ou sinon, en dernier recours, je pourrai toujours appeler un taxi. Voilà, j'ai quatre alternatives, je vais donc pouvoir le récupérer, je peux décompresser.

Son ordonnance à la main, Michel semble assez satisfait et serein. C'était sans doute la peur de louper l'heure du rendez-vous une seconde fois qui l'avait rendu nerveux à ce point. Sa sérénité allait finalement me permettre de retrouver mon trésor.

Lorsque nous approchons du village, fébriles tous les deux, mais pas pour la même raison, c'est la stupéfaction, de ma part, et la satisfaction de la sienne : pas de sac ! Plus de sac ! Disparu, envolé, invisible, téléporté… Il ne reste que le panneau Lamontjoie. Pourtant, Lamontpasjoie mais alors Lamontpasjoiedutout.

Je dirais plutôt Lamontgrandésespoir. Ô rage ! Comment est-ce possible ? Je n'y crois pas…

Je demande à Michel s'il peut m'attendre quelques instants, pour que je descende de la voiture et que je le cherche un peu aux alentours. Mais je comprends tout de suite à son air, que ce n'est pas la peine. Il faut dire, et il n'a pas tort, que d'ici, je vois bien qu'il n'y a aucun sac autour de l'écriteau, ni même aucune trace de son contenu, rien du tout, tout est clean, pas un caillou, ni une cannette de bière vide, pas même un mégot jeté par un chauffeur irrespectueux, ni quoi que ce soit sur le sol. Seulement le piquet et le pot de fleurs.

Ce sac disparu, c'est la goutte d'eau qui fait déborder le vase. Je craque. Malgré mes efforts, je ne peux retenir mes larmes. Je le sais, Michel n'en peut plus de me voir sortir un mouchoir. Depuis qu'il m'a annoncé sa décision de repartir vivre dans le Pas-de-Calais, notre région d'origine, je suis une vraie fontaine. Il ne comprend pas pourquoi je ne me réjouis pas, comme lui, de retrouver nos racines. Personnellement, je les ai replantées ici dans le Lot-et-

Garonne, au soleil, et l'idée de tout quitter me désespère, j'ai froid rien que d'y penser. En plus, tous ceux qui ont vu le film des Ch'tis sont hilares, c'est-à-dire tout le monde. Sauf que moi, je ne rigole pas du tout, ça me glace. Les gens s'imaginent sans doute que je vais me marrer en vélo avec Dany Boon, alors que je vais me geler en voiture avec Michel. Il a d'ailleurs eu la super idée de mettre la clim un peu plus fort, il dit que c'est pour habituer mon corps à des températures plus fraîches… Du coup, je suis frigorifiée !

Michel sait que si je commence à pleurnicher, j'en ai pour des heures. Il décide donc d'intervenir tout de suite :

— C'est trop te demander d'arrêter de braire ? Tu brailles parce que tu ne sais pas où est ton sac, mais, moi, je sais très bien où il est ton sac !

— C'est vrai ? Mais c'est génial ! Tu es génial, Michel, c'est super, tu aurais pu me le dire, je me faisais déjà un sang d'encre, tu as voulu me faire peur, hein ? Mais je ne t'en veux pas, ce n'est pas grave, du moment que tu sais où il est, tout va bien, je suis soulagée !

Je me sèche les yeux et j'essaie d'étouffer mes derniers sanglots.

— Bon, où est-il ? Tu peux me le dire. J'ai déjà eu assez de stress

— Bon, j'te le dis mais tu arrêtes de chouiner après, OK ?

— Oui, dis-le moi, vas-y.

— Tu te souviens du camion qui était derrière nous, tout à l'heure ?

— Oui

— C'est quoi son job ?

— Ramasser les poubelles

— Eh ben voilà, c'est là qu'il est ton sac ! Imagine. Les gars voient un truc qui traîne, ils le ramassent, le jettent dans la benne, et on en parle plus ! À l'heure qu'il est, il est en miettes, à la déchetterie. Dans le meilleur des cas, son recyclage pourra servir à bourrer des matelas. Alors, il est inutile de chialer pour quelque chose qui est définitivement perdu. Est-ce avec ton mouchoir que tu vas le recoller ? Non ? Alors, stop, basta, on n'en parle plus.

Je tremble. Je n'ai pas le droit de sangloter, alors, je m'en empêche, mais j'ai la tremblote, on dirait un glaçon en cours d'essorage, alors que dehors, d'après l'affichage du tableau de bord, la température est de trente-cinq degrés.

Je cogite, c'est tout ce qui me reste à faire, gamberger. Différents dictons populaires me viennent à l'esprit. Je cherche celui qui pourrait m'aider. Un de perdu, dix de retrouvés. Dix sacs-à-cadeaux, j'imagine déjà la tête de mon mari. Non, ce n'est pas possible. Loin des yeux, loin du cœur. Il est bien celui-là, pour une fois. Je croyais que c'était un proverbe triste, mais finalement, il est pas mal. Loin des yeux, je ne vois plus

le sac, loin du cœur, je ne suis pas triste. Voilà, impec !
Et pendant que j'y suis, je vais prendre aussi « À
chaque jour suffit sa peine. »

23 mai

Le lendemain matin, Michel me prie de
l'accompagner chez l'opticien pour commander ses
verres. Mais je n'en ai franchement aucune envie,
aucune motivation. Je me traine en peignoir dans la
maison, sans savoir quoi faire. J'avais prévu d'aller à la
poste mais c'est annulé. Tiens, si je téléphonais à la
société de ramassage pour voir s'ils n'ont pas mis mon
sac aux objets trouvés ? Bonne idée !

Voyons sur Ecosia (c'est comme Google mais il
fait pousser des arbres). Je tape : « Collecte,
ramassage des ordures ménagères et propreté
urbaine » Je finis par trouver le bon numéro.

— Propreté Urbaine, bonjour !

— Bonjour Madame, voilà, je suis un peu
ennuyée, comment vous dire, hier, j'ai déposé un sac,
juste à l'entrée de Lamontjoie, près du panneau
d'entrée d'agglomération et je..

— Ah, je vois, « dépôt sauvage d'ordures sur la
voie publique » et vous vous demandez quand vous
allez recevoir le procès-verbal ?

— Un procès verbal ? Ah bon ?

— Oui, Madame, c'est tout à fait interdit, et
vous risquez une amende.

— Une amende ? Vous croyez ?

— Ah oui, c'est sûr. Enfin, ça dépend. Si ce sont les gars de l'équipe d'Attila qui sont passés, vous êtes sauvée. Attila, il ne laisse rien trainer. Là où Attila passe, les déchets trépassent, tout le monde le connait ici. Attendez que je consulte le planning. C'était quand ? Hier, vous me dites, le 22 ?

— Oui, hier après-midi.

— C'est bon, Madame, c'étaient bien eux. Ils sont un peu rudes, mais très professionnels. On peut leur faire confiance. Je vous mets en garde pour la prochaine fois, allez plutôt le porter à la déchetterie, cela pourrait clairement vous éviter un procès. Je vous souhaite une bonne journée.

— Merci, bonne journée à vous aussi.

Un procès-verbal ? Je n'en reviens pas ! Un PV pour un sac-à-cadeaux, si je m'y attendais … Alors, pas un mot à Michel, parce que, là, ce serait le bouquet. Espérons que le chef des Huns n'a pas eu le temps de relever notre plaque d'immatriculation… Au point où j'en suis, ils vont me mettre en prison, et je n'irai pas dans le Pas-de-Calais. Ce sera une prison du Sud, ce sera dur mais au moins j'aurai un peu de soleil à travers les barreaux. Dans ce cas, il faut qu'ils fassent vite, parce que s'ils attendent que j'aie déménagé, j'irai en taule dans le Nord… sans passer par la case départ, sans toucher les 20000. Rien que d'y penser, c'est reparti, je me mets à pleurer de plus belle.

D'ailleurs, je vais tout de suite me dénoncer pour la perte du sac Lucia. Autant battre le fer tant qu'il est chaud. Je vais écrire un e-mail à l'organisatrice pour lui dire qu'il a disparu.

Pas évident d'y voir quelque chose sur mon écran avec les yeux trempés. En plus, les larmes coulent à flots sur mon clavier, je risque l'électrocution à chaque instant. Qu'est-ce que je vais inventer ? Je ne peux tout de même pas dire que le sac s'est fait broyer à la déchetterie. C'est trop triste. Ou alors, je fais comme tout le monde, j'accuse les PTT. Je dis que je l'ai expédié et dans quelques jours, il faudra constater qu'il n'est jamais arrivé chez Marraine. Cela laissera toujours un petit espoir de le revoir un jour.

Non, ce serait malhonnête, j'en suis incapable. Je vais faire plus simple, la vérité, y a que ça de vrai :

Bonjour Nelly,

J'espère que tu vas bien et que tu t'en sors avec tes centaines de sacs-à-cadeaux.
Moi, avec un seul, j'ai eu des difficultés. Je devais expédier le sac Lucia à Marraine ce matin. Hier, j'ai voulu le prendre en photo sur un panneau de ville, pour participer au concours de ton quatrième anniblog. Je t'envoie d'ailleurs la photo en pièce jointe. Mais j'ai eu un très gros problème. Alors, si tu ne valides pas ma participation au concours, je comprendrais très bien. Je l'ai perdu juste après l'avoir photographié sur le

panneau. Il a été ramassé directement par le camion-poubelles. Je n'ai rien pu faire pour le rattraper, j'ai même failli avoir un PV. Je suis sincèrement désolée. D'autant plus qu'il s'agissait de celui de la petite Lucia. Cela me fait un tracas supplémentaire. Je n'ai pas trop le moral en ce moment car je vais bientôt déménager et quitter la belle région où je suis. Mais, c'est la vie, pas le choix.

J'espère que tu ne m'en voudras pas trop, ainsi que Marraine et les personnes qui ont eu ce sac dans les mains avant moi. Je ne sais pas comment te dire à quel point je suis confuse.

À cause de mon déménagement, je ne pourrai pas voir le blog pendant quelques semaines, car je vais devoir couper internet et ensuite le réinstaller là-bas, enfin, plutôt là-haut. Alors, je te dis à bientôt, avec encore toutes mes excuses.

Yvette

J'ai l'impression que les touches mouillées de pleurs de mon clavier vont geler là-haut. Il faudrait que je me trouve un clavier étanche ou alors avec un petit chauffage intégré, pour que l'eau s'évapore au fur et à mesure. Sinon, avec mes doigts gelés, je n'arriverai plus à cliquer ni à faire des mails. Je ne sais pas si ça existe, mais il faudrait bien car je vais en avoir grand besoin…

La réponse de Nelly ne s'est pas fait attendre…

Chère Yvette,

Merci beaucoup pour la photo ! Elle est superbe. Je vais bien entendu l'ajouter aux autres sur le blog, pour le concours de fin juin. La perte du sac n'enlève pas le fait que tu as réussi le challenge. Je te remercie d'ailleurs pour ta participation. Tu as choisi un nom très joyeux, qui me plait énormément.

Comme toi, je suis déçue d'apprendre que le voyage du sac Lucia s'arrête en si bon chemin. Quel contraste avec le nom de la ville que tu as choisie ! Ce n'est décidément pas de chance. Je pourrai coudre un autre sac-à-cadeaux portant un nom et un numéro différents, comme par exemple « Nouveaux Pas Pour Lucia ». Ce sera même encore plus efficace pour évoquer l'association sur les réseaux sociaux. Je pourrai le faire d'ici une ou deux semaines et te l'expédier ensuite. Il faudrait que tu me précises à partir de quand tu déménages et si tu préfères le recevoir à ton adresse actuelle ou à ta future maison ? Je t'envoie des forces pour ton déménagement, car il en faut pour faire les cartons, tout débarrasser d'un côté, puis tout déballer et réinstaller de l'autre. D'ailleurs, avec tout ce boulot en perspective, tu aimerais peut-être mieux que j'expédie directement le nouveau sac chez Marraine ? Dis-moi ce que tu préfères, d'accord ? Surtout pas d'inquiétude, il ne faut jamais que les sacs-à-cadeaux constituent un problème, ce n'est pas du tout leur but.

Je te souhaite une bonne soirée

Bises Nelly

C'est effectivement sympa mais c'est dommage quand même pour les cadeaux que j'avais préparés pour Marraine. Pourtant, si j'échappe au procès-verbal, à la prison, et qu'en plus, le sac est remplacé, je m'en sors plutôt bien. Le principal est que l'association ait un nouveau sac qui fasse parler d'elle. Oh mais, j'y pense, il ne faut surtout pas que je reçoive un autre sac. Non, y a pas de doute, il ne faut pas. Michel m'a dit « N'en parlons plus » de manière très claire, limpide même, du genre qu'il n'est PAS DU TOUT question d'en recevoir un autre... Basta, etc...

24 mai, de Yvette à Nelly

Merci pour ta réponse. Me voici rassurée pour Lucia. Je suis désolée de te donner du travail supplémentaire, c'est très gentil de ta part.
Si cela ne t'ennuie pas, je préférerais que tu envoies ce nouveau sac à Marraine directement car avec le déménagement, je n'aurai pas le temps de m'en occuper. Puisque tu me proposes cette solution, je l'accepte volontiers. Encore toutes mes excuses et à bientôt (quand je serai reconnectée au Pôle Nord).
Bisous
Yvette

23 mai Jojo, Nord-Est de la France

— Deux heures d'attente ? Minimum ? Perso, ça ne me dérange pas, mais c'est le client qui va être furax ! Il s'attend à être livré demain matin à 8H00, et à ce train-là, je ne serai à Dijon qu'en fin de matinée au mieux.

— On n'y peut rien Johnny, on a pris du retard, y a encore deux chargements avant toi et, en plus, tes palettes ne sont pas encore tout à fait prêtes.

— Bon, j'préviens ma patronne

— OK, à plus Johnny !

Le magasinier ne me connait pas, mais s'il m'appelle Johnny, c'est à cause de mon look. Depuis ma jeunesse, j'ai adopté le look de mon idole : perfecto, T-shirt de Johnny Hallyday et santiags. Mon vrai prénom c'est Joël mais la plupart du temps, on me surnomme Johnny ou Jojo. Evidemment, j'ai ma plaque d'ancien cibiste sur le pare-brise de mon camion : JOJO57.

Il faut que je prévienne Noémie de ce retard, elle ne va pas être contente... mais au moins, le client sera au courant.

— Transports Tateaux, bonjour !

— Bonjour Noémie, c'est Jojo

— Bonjour Joël, où en es-tu ?

— Au moins deux heures d'attente, je ne pourrai pas livrer avant demain fin de matinée. Peux-tu vérifier s'il y aura quelqu'un là-bas pour décharger la commande pendant la pause du midi ? Ce serait impeccable pour rentrer à Thionville demain soir.

— D'accord Joël, dans tous les cas, je t'envoie un message pour te confirmer.

— Merci Noémie. Dis, j'ai un truc perso à te demander…

— Un petit instant, on m'appelle sur l'autre ligne

— OK

— Il s'agit justement du client, je vais le prévenir de ton arrivée tardive. Tu me rappelleras pour cette question personnelle plus tard. Ce n'est pas urgent au moins ? Tu n'es pas malade ?

— Négatif, je t'en parlerai demain soir au bureau. Ciao.

— À demain, bonne route.

Noémie, c'est une mère pour moi. C'est ma patronne, mais c'est aussi mon amie et je l'admire. Pourtant, elle n'est pas toujours facile dans le boulot, mais je la comprends car c'est une sacrée responsabilité de faire tourner une boîte pareille. Lors du décès de son mari, malgré le chagrin, elle ne s'est pas laissé abattre car elle voulait maintenir nos emplois coûte que coûte. Elle a remonté ses manches et depuis, elle travaille d'arrache-pied jusqu'à tard le soir. Elle ne prend quasiment jamais de vacances. De temps en temps, ça chauffe pour nous, ses employés, et j'accepte très bien qu'elle puisse s'énerver. Heureusement, ce n'est jamais pour une longue durée et ses recadrages sont souvent efficaces. Je la connais bien, c'est une vraie gentille, au fond.

Alors, au moins cent-vingt minutes à tuer. D'abord, un café puis je vais pouvoir jeter un œil à mon bouquin. Je me demande comment c'est possible de lire un tel pavé, il est super gros. Ce n'est pas un livre, c'est plutôt UNE livre, un demi-kilo de mots. Voyons…combien de pages ? 355 !! C'est énorme. C'est trop. Beaucoup trop. J'ai déjà lu des BD mais là, y a même pas d'images. Déjà le titre « La descente des anges », on dirait un bouquin de curé. Et la photo en noir et blanc avec une usine qui fume, ce n'est pas bien gai cette affaire. On dirait les hauts fourneaux de ma Lorraine. Le seul truc que je trouve bien, c'est le nom du gars qui l'a écrit, Emmanuel Prost, il doit faire de la formule 1, comme son frère Alain, un sacré champion. Y a sa photo derrière le bouquin, je trouve qu'il lui ressemble, à part les frisettes. À ben tiens, y a le résumé derrière, une seule page à lire, je peux peut-être y arriver. Voyons..

La catastrophe de Courrières ? Je suis sûr que j'en ai déjà entendu parler. Mince, je pense à mon grand-père qui est mort au fond de la mine. Quel malheur. Il était rudement courageux. En Lorraine, y a eu pas mal d'accidents graves dans les mines, à St-Avold et à Forbach, mais dans le Nord, je crois que c'est le pire. Il me semble qu'il y avait eu au moins une centaine de morts. Je vais essayer de lire deux ou trois pages pour voir. Bonne nouvelle, c'est écrit gros, y a moins de mots.

— Eh Johnny! T'es là ? Ohé Johnny!! Tu peux t'mettre à quai, c'est bon. Les palettes sont prêtes !

Déjà ? Comment c'est possible ? Nan, mais sérieux, j'ai lu tant de pages ? J'ignorais que je pouvais en lire autant d'un seul coup, c'est carrément un truc de dingue, en plus, le pompon, c'est que je comprends tout. Je croyais que c'était une galère genre Balzac, où on n'y pige que dalle, mais pas du tout. Y a même des phrases en ch'ti mais elles sont traduites en bas de page, en petites lettres.

D'habitude, quand j'attends des plombes, en observant le spectacle du chargement des marchandises à la vitesse d'un escargot au repos, je suis vert. Et ma patronne, elle a la moutarde qui lui monte au nez, comme elle dit. Cette fois-ci, pour une livraison à Dijon, la moutarde aurait été la bienvenue, mais j'ai lu mon « Balzac » et je n'ai pas vu le temps passer, c'est vraiment trop fort. Je suis limite pressé de lire la suite. C'est un beau cadeau finalement, on dirait. Mais l'heure n'est pas à la lecture, il faut y aller. J'ai même intérêt à planquer mon bouquin, sinon les potes, ils vont se foutre de moi, c'est sûr. Allez hop, inutile de faire monter la mayonnaise, en route !

24 mai au soir, Thionville

— Bonsoir Joël

— Salut Noémie, désolé je rentre tard encore une fois, mais c'était chaud pour revenir de Dijon. Heureusement qu'ils ont pu décharger assez vite là-bas, sinon, je n'aurais pas pu rentrer ce soir.

— Oui, c'est une chance. Tu voulais me dire quelque chose hier au téléphone, tu m'as dit une question personnelle.

— Ah oui, je voulais te demander : Est-ce que tu connais quelqu'un qui s'appelle Lucia ?

— Lucia ? Oh mais dis-moi, tu as rencontré quelqu'un ? C'est formidable, tu me l'avais caché ? Je comprends maintenant la question personnelle. Je suis assurément très contente pour toi Joël, depuis le temps. Elle en a de la chance cette dame, tu feras un mari idéal. Félicitations !

— Hop hop, je t'arrête tout de suite, tu n'y es pas du tout ! Mais alors, PAS DU TOUT ! Je voulais juste te demander si tu connais ce prénom, c'est tout.

— Lucia ? Non, cela ne m'évoque rien de spécial. La fille de ma cousine vient juste d'avoir une petite fille qu'elle a appelée Lucie. J'ai connu jadis une Lucienne, une bien belle femme d'ailleurs, mais non, aucune Lucia. C'est peut-être un prénom espagnol ? Pourquoi cette question ? Tu l'as connue comment ?

— Je ne la connais pas, justement. C'est une histoire très bizarre, qu'il faudra que je te raconte plus tard, car là, je suis HS. Il y a certainement un rapport avec mon cadeau d'anniversaire mais je ne sais pas quoi exactement.

— Mais c'est vrai c'est ton anniversaire, je n'y pensais plus !! Est-ce que c'est pile aujourd'hui ?

— Non, c'était avant-hier, le 22 mai, loupé !!

— Pardon Joël, je te souhaite avec retard un bon anniversaire ! Tu sais bien que je ne retiens pas les dates des fêtes. Pour la peine, approche toi, que je t'embrasse. Et surtout, quand tu auras retrouvé ta dulcinée, j'espère que tu me la présenteras ? Allez, bonne nuit, demain il faut se lever tôt.

— Bonne nuit patronne ! À demain !

25 mai, chez Jojo

Le lendemain matin, encore à moitié endormi, en prenant mon petit déjeuner, café au lait et madeleines, je repense à mon cadeau d'anniversaire. Comment est-ce possible ? C'est un vrai mystère... En tous cas, on dirait que Noémie n'est pas dans le coup, même si elle est pressée de me voir marié. J'ai confiance en elle, et elle est trop sérieuse pour s'amuser à des blagues pareilles.

Tout à coup, en croquant dans une madeleine, j'ai un énorme doute… non, plutôt une révélation…Et si le cadeau n'était pas pour moi ? Quand je l'ai trouvé, suspendu à ce panneau, je me suis demandé ce que c'était. Mais puisque dedans il y avait un 45 tours de Johnny, je n'ai pas douté plus longtemps, en plus c'était le jour de mon anniversaire. Du coup, j'ai cru que quelqu'un avait voulu me faire une surprise. Le sac était placé sur mon chemin, à la bonne hauteur pour que je le voie bien, il ne pouvait être que pour moi. Enfin je crois… Personne à pied ou en voiture n'aurait pu l'attraper. Il fallait avoir un camion ou une nacelle ou faire du parachute. Mais pourquoi ce nom de « Lucia » au lieu de mon nom à moi ?

J'ai l'horrible impression d'avoir fait une boulette… Je crois que j'ai piqué le cadeau d'anniversaire d'une femme qui s'appelle Lucia. C'est une géante. Elle mesure 4 mètres de haut et comme tout le monde la craint aux alentours, les gens lui offrent des cadeaux, en les posant à sa hauteur. En échange, elle protège les habitants avec sa famille de géants. C'est madame King Kong. Du coup, cela doit être la panique dans le village si elle n'a pas eu son offrande. À cause de moi, elle s'est mise en colère et elle a arraché le panneau, avant de s'attaquer aux maisons. Je ne suis vraiment qu'un égoïste, je ne pense qu'à moi, et du coup, j'ai le moral dans les chaussettes. J'entends d'ici la sirène qui alerte la population…
May day…L'alarme sonne.

Ah non ! C'est mon téléphone. Oh mais j'étais en plein délire, moi ! Allez hop, c'est l'heure d'aller bosser… Mais il faudra que je pense à réparer mes bêtises, avant que Madame La Géante ne dévaste tout le pays.

En arrivant au boulot, je m'apprête à vérifier ma remorque avant de partir. Je ne l'avais pas vu mais au même moment, mon copain Jean, le mécano referme le capot du moteur d'un coup sec. Là, c'est la stupeur, je n'y crois pas, je ne peux pas y croire …

— Jean, arrête tout de suite ! Qu'est-ce que tu fais ?

— Ben, ton niveau d'huile, comme d'hab, pas de panique ! Qu'est-ce que tu as, t'as croisé un zombie ?

— Non, pas du tout, mais rends-le moi tout de suite !

— Quoi ? Mon chiffon ?

— Ce n'est pas TON chiffon, c'est MON sac, qui était propre et qui est maintenant tout crado !! Qu'est-ce qui t'a pris ? Pourquoi tu m'as fait ça ?

— Calmos Jojo, prends tes cachets, je te dis que c'est un chiffon que j'ai pris, comme d'habitude dans ton coffre à chiffons !

— Ah ouais, et y avait pas une liste dedans ?

— Ben si, y avait un papier, mais je l'ai viré, ce n'était pas pratique pour le niveau d'huile…

Le sac Lucia a changé d'aspect. Plus personne n'oserait mettre un cadeau dedans. Il ressemble plutôt à une friteuse ratatinée. Pauvre Jeannot, quand Madame King Kong va le savoir, je ne donne pas cher de sa peau.

Quand il aperçoit ma tronche changer de couleur à vue d'œil, en passant de l'orange, au rouge jusqu'au violet, Jean se dit que je suis tombé sur la tête (une tête arc-en ciel) ou alors que je viens de prendre la première cuite de ma vie. Pour me rassurer, il va tout de suite ramasser le papier qu'il avait naturellement jeté par terre (merci pour la planète).

— Ah ben oui, je n'avais pas regardé, c'est une liste de gonzesses, cool ! Tu prépares le rallye des gazelles ou quoi ? Ne me dis pas que tu les as toutes pécho ? Ben, mon Jojo, tu caches bien ton jeu !! Sacré gaillard ! Quelle santé, alors voyons…Françoise, Titine, Clauderose… On dirait le 3615. T'as encore un minitel, toi ? Tu ne sais pas que c'est périmé ?

— Stop ! Tais-toi, rends-le moi, tu n'y es pas du tout !

— Pas du tout, pas du tout, vu dans quel état tu te mets pour un chiffon, je vois bien qu'il y a une histoire de meuf là-dessous, et pas qu'une on dirait…

— Mais t'as rien capté, c'est une énigme.

— Une énigme ? Tu prépares Secret story ? Le gars qui a pécho 12 gonzesses à 658 km/heure ? Ah non, je sais, c'est l'île de la tentation, sacré veinard !!

— Arrête avec ton délire et dis-moi plutôt comment je vais nettoyer ces taches d'huile, avant que je te mette une beigne.

— Ah c'est fastoche, avec du R2D2 !

— Quoi ? Du R2D2 ? Comme dans Star Wars ?

— Ouais, ma femme me répète toujours que je devrais prendre des actions chez R2D2 avec toutes les taches de toutes sortes que je ramène à la maison.. Mais je ne suis plus trop sûr des lettres, je suis nul au scrabble. Attends une seconde, je demande à ma femme ! Je l'appelle sur le téléphone fixe, et je vérifie par la même occasion qu'elle est bien à la maison. (En faisant un clin d'œil).

Bon, ce n'est pas du R2D2, c'est du K2R, j'ai dû me gourer d'épisode ! Tu pchittes, tu attends un peu et tu mets dans la machine avec ton linge. Quand il ressort, tu n'as presque plus de taches.

— Merci Jean, t'es vraiment un super pote. C'est hyper sympa d'avoir contrôlé mon niveau d'huile. D'ailleurs, je suis prêt à parier qu'il m'en restait encore la blinde, pas vrai ? Vérification immédiate..Nan mais quelle tache ce mec, enfin je veux dire, nan mais « quelles taches de graisse ! » T'as bousillé mon sac pour rien, merci. Si les taches ne partent pas avec ton DR2K, je te fais bouffer le bidon ! Comme ça, tu pourras jouer dans « Star Wars » et dans « La grande lessive » en même temps. J'espère pour toi que tu ne croiseras jamais la proprio du « chiffon », parce que quand elle se met en rogne, tu as intérêt à te barrer, vite fait. Au cas où, entre nous, tu es prévenu, méfie-toi des très grandes femmes que tu croises, on ne sait jamais…

En prenant la route, je vois la tête de Jean dans mon rétroviseur. Il est resté immobile, bouche bée. Je crois qu'à cause de mon sac à l'huile, il s'inquiète pour ma santé mentale.

Je n'aurais pas dû mettre ce fichu sac dans mon coffre à chiffons. C'est un peu de ma faute. Je m'étais dit que je le reprendrais en rentrant à la maison mais il était tard, j'étais crevé et j'ai oublié.

J'ai oublié de vi-i-i-vre, j'ai oublié de vi-i-i-vre, vi-i-i-vre…

Quand je l'aurai nettoyé, il faudra que j'aille le rendre à Madame la géante. Pour l'instant, je ne peux pas car je n'ai pas fini le bouquin. Je ne suis pas encore au quart. Je ne suis d'ailleurs pas pressé de le finir parce que j'aime bien le lire. Je ne savais pas que la catastrophe de Courrières était aussi catastrophique. Incroyable !

Les biscuits, je ne pourrai pas les rendre, je les ai déjà mangés, trop tard, j'avais trop les crocs. Le paquet était là, sous mes yeux, je n'ai pas pu résister, surtout que je croyais qu'il était pour moi. C'était mon gâteau d'anniversaire. Un paquet de biscuits croustillants pour mon anniversaire, ce n'est quand même pas trop demander. Je sais bien qu'il y a des gens qui n'ont pas de cadeau du tout (genre moi, on dirait) mais pour d'autres, c'est ordinateur par-ci, nouvelle tablette par-là. Moi, c'est juste un tout petit paquet de gâteaux. Oui et aussi un 45 tours vinyl dédicacé par le Boss, c'est vrai, je l'avoue. Celui-là, franchement, c'est évident que je ne peux pas lui rendre, désolé. « Que je t'aime », c'est justement un titre qui manquait dans ma collection, et avec la signature en plus et « Voyage au pays des vivants » sur la face B. Impossible que je m'en sépare. Je l'ai trouvé, il est à moi.

Je crois qu'il y avait aussi un genre de ruban dans le sac mais je ne sais pas où il est, il est peut-être tombé par terre en descendant du camion. Si je le retrouve, je le remettrai dedans. Je ne vois pas ce que j'en ferais d'ailleurs. Ce n'est pas pratique ni pour sangler des palettes ni pour remplacer une courroie de toute façon. Pour les biscuits, je mettrai des madeleines à la place, j'en achète toujours des kilos à l'avance pour mon petit déj. Au fait, «Madeleine », je crois que c'est un des prénoms de la liste. Encore une étrange coïncidence…

Pendant mon prochain temps de chargement, il faudra que j'étudie cette liste de plus près. Tant pis, je lirai mon Balzac plus tard. Ce soir, je dors sur une aire de repos, j'aurai tout le temps.

Alors voyons cette fameuse liste de gonzesses… toute chiffonnée par notre ami Jeannot, bien sûr !

Un rallye pour filles ? Je ne sais pas si Jeannot a raison, on dirait qu'il n'y pas que des YL (= Young lady en langage cibiste) : en premier, c'est le prénom de ma mère, Nelly (ma chère maman, pas un seul jour sans penser à toi, Maman, tu me manques…), ensuite : Marikafée, Leelou, Laramicelle, Françoise, Marie (si tu savais, tout le mal que l'on m'a fait..), Jac, Madeleine (ah, le voilà mon petit déjeuner !), Clauderose, Gabi (Gabrielle, tu brûles mon esprit, …), Titine, Yvette et Marraine.

Qu'aurait pu bien faire Maman à ma place dans un cas comme celui-ci ? Que m'aurait-elle conseillé ? De rendre le sac, bien sûr. Et peut-être aussi d'y mettre un cadeau pour chaque personne de la liste. Hum, ouais, pourquoi pas. C'est une idée (merci M'man ! T'es un ange, comme dans mon bouquin). D'ailleurs, si ma mère me voyait en train de lire une grosse brique pareille… Je me perds dans mes pensées, le regard dans le vide, et d'un seul coup, mes yeux se braquent sur le désodorisant suspendu à mon rétroviseur. Vous savez ces trucs qui dégagent un parfum bizarre dans les véhicules, ils sont en forme de sapin ou de n'importe quoi. Coup de bol, le mien c'est une deudeuche, et dessus il y a écrit « I LOVE TITINE », c'est pas merveilleux !!?

Allez hop, je libère la 2 CV parfumée et l'envoie rejoindre les madeleines dans le sac, qui seront un peu citronnées, mais cela ne doit pas être mauvais à mon avis. J'ai déjà Madeleine et Titine, il m'en reste encore.. euh…dix à trouver. Eh ben, ce n'est pas gagné.

Ah si ! Pour MariKafée, je sais, c'est facile : une capsule de café Clooney. What else ? Plus que neuf à trouver…

— Eh Johnny, tiens voilà le bon de livraison. Tu me fais un autographe ici en bas, merci !

Allez, c'est reparti, nous verrons plus tard, il est temps de se remettre en route. Les transports Tateaux livrent bien, livrent tôt.

4 Juin, chez Jojo

Depuis hier, je cherchais une idée pour Leelou. Et bim ! C'était comme une ampoule qui s'est allumée au-dessus de ma tête ! En prenant un maillot propre dans mon armoire, je suis tombé sur un vieux T-Shirt tout neuf trop petit avec un grand dessin de loup sur le devant. Il tombe à pic. De toute façon, mon gros bide, il va rester, ce n'est pas avec toutes les cochonneries que je mange, qu'il va fondre. Allez hop ! Ciao la taille L ! Pour Laramicelle, c'était plus facile, avec un peu d'imagination, ça fait Lara-ficelle et j'ai toujours plein de bobines de ficelle pour bricoler. J'ai pris la plus belle (quand même, c'est pour offrir !).

Alors, je vais tout étaler sur la table pour voir où j'en suis, en cochant sur la liste pour ne rien oublier. Comme dirait ma patronne, il faut de l'organisation. Pour Nelly, le rond de serviette de ma mère, avec son prénom gravé, que j'ai retrouvé dans mon tiroir de bric-à-brac. Pour Marikafée, la capsule de Georges. Pour Leelou, le loup taille L. La bobine pour Laramicelle. Pour Françoise, un pot de confiture de framboises fait-maison par la voisine (il faudra surtout que je le blinde avec du papier bulles pour ne pas qu'il casse). Pour Marie, c'est facile, j'avais une vierge Marie dans ce fameux tiroir à bazar. J'ai toujours eu peur de la jeter en lui attribuant des pouvoirs protecteurs, c'est une mini statue de la vierge en plastoc blanc et bleu. Je crois qu'elle vient de Lourdes. Pour Jac, c'est impec, je ne sais plus qui m'a offert un jour un CD de « Jean-Jac » Goldman, mais il est encore tout neuf, pas déballé. Il devrait lui plaire, tout le monde aime Goldman, le préféré des français. Sauf que moi, c'est Johnny que je kiffe. Pour Madeleine, un paquet de madeleines bien sûr. Pour Clauderose, hyper facile, j'ai coupé une rose dans mon jardin, et je l'ai emballée dans une feuille de papier journal. J'ai entouré le tout avec le ruban coloré que j'ai retrouvé. Au moins, il sert à quelque chose. J'accepte de céder l'un de mes deux bobs de Johnny à Gabi ; je l'ai en double, je peux bien en sacrifier un, je n'ai qu'une tête pour le porter. Pour Titine, c'est la Deuche qui embaume tout le reste. Pour Yvette, rien pour l'instant, je n'ai pas encore cherché. Et pour Marraine, une idée de dernière minute. Son nom m'a fait penser à « ma reine ». Puisque chaque année, en janvier je mange une galette des rois en solitaire, j'ai toute une collection de couronnes en carton doré. Une couronne, c'est parfait pour une reine.

Le sac va être bien rempli. Il ne manque plus qu'à trouver une idée pour Yvette. Je dois reprendre la route avec mon bahut, j'aurai tout le temps de m'interroger. Je vais tout emmener, pour me motiver. Ce coup-ci, je ne vais sûrement pas le fourrer avec les chiffons : il sera à côté de moi, près de la glacière.

12 juin, Jojo, direction plein Sud

Coup de bol ! Une livraison à faire dans le Sud-Ouest, je vais m'arranger pour atteindre Lamontjoie.

5 heures du mat, j'ai des frissons. Me voici à l'approche du village de Madame La Géante. C'est ballot, je n'ai pas trouvé de cadeau pour Yvette. Voici le célèbre panneau devant lequel je m'arrête. La rue est étroite, il faut faire vite, car je bloque le passage. Mais bon, personne à l'horizon à cette heure-ci. Tous les cadeaux sont dans le sac, sauf un. Génial, j'ai trouvé ! Je décroche le porte-clefs professionnel de mon trousseau et le mets dans le sac avec un post-it « pour Yvette ». Ce n'est pas un cadeau très personnalisé mais c'est personnel, alors, ça compte.

De la même manière que lors du ramassage du sac le jour de mon anniversaire, je grimpe sur le marchepied du côté passager (enfin plutôt du côté glacière), et j'accroche le sac par les deux anses. Une petite photo en souvenir avec mon téléphone. Ciao les filles ! Je reprends la route, fier comme un waker.

J'avoue, j'ai gardé le bouquin car en trois semaines je n'ai pas encore fini de le lire. Je ne suis pas aussi rapide que Prost. Il me faut le temps, c'est ma première lecture, et à mon âge avancé, ce n'est pas rien. Et puis, je l'aime bien ce livre, j'ai envie de le garder. J'en ai appris une bonne en le lisant. J'avais largement sous-estimé le nombre de morts lors de cette catastrophe de Courrières. J'étais bien loin du compte, c'est en réalité plus de mille morts… C'est un terrible désastre.

12 juin, Nadine, Lamontjoie

Ce matin, en allant bosser (je suis secrétaire au service administratif de la Mairie), je vois un truc bizarre suspendu au panneau du village. Je m'arrête en allumant les feux de détresse, car on ne peut pas se garer ici. Je vais y regarder de plus près. C'est un sac girly en tissu bleu et blanc. Je n'arrive pas à l'attraper c'est trop haut. Il a l'air joli et bien plein. Je suis un peu à l'avance, je vais aller chercher un escabeau à la mairie.

Comme d'habitude, j'aurais dû m'en douter, l'escabeau n'est pas à sa place. Il a été emprunté et pas rangé. Mais, avec un balai, je devrais pouvoir pousser les anses et le faire tomber. Allons-y !

De retour au bureau, j'étudie de plus près mon originale trouvaille. On dirait que le tissu est un peu taché, il dégage une forte odeur de lessive et de citron. Une broderie sur un côté indique N°144 Lucia. À l'intérieur, on dirait un trésor, ou plutôt une brocante, un vide-grenier : toutes sortes de bricoles : T-shirt, chapeau de Johnny Hallyday, un CD de Goldman (pas ma tasse de thé, je n'écoute que les nouveautés branchées), une Sainte-Vierge, une fleur entortillée dans du journal, des babioles. Y a un genre de pot rond ficelé dans du papier bulles, on dirait un pot de miel ou de confiture. Heureusement que je n'ai pas fait tomber le sac sur la route avec mon balai, sinon, bonjour les dégâts. Y a aussi un porte-clefs Tateaux, avec un mot « pour Yvette ».

Je me demande ce que c'est que tout ce fatras. C'est sans doute pour cette Yvette mais je ne connais pas d'Yvette dans les parages. Il y a aussi une poche avec une fiche cartonnée toute chiffonnée. C'est une liste avec des prénoms, des villes et des kilomètres.

En haut de la fiche, il est écrit N°144 et le lien vers un blog. OK si c'est un blog, je dois pouvoir trouver des infos sur internet.

Eurêka. C'est un blog avec plein de sacs en tissu, comme celui-ci. Les participants prennent leur sac en photo avec les cadeaux qu'ils y ont trouvés. Je devrais peut-être en faire autant et le photographier ?

Dans la description il est indiqué : « vous avez reçu un cadeau dans un sac en tissu contenant une fiche de suivi ? Alors, venez participer à notre aventure… ».

Oh là là, une aventure ? Me voilà bien avec ce truc. Moi qui n'aime pas du tout prendre part à des chaînes, je me sens prise au piège. Sur mon portable, je reçois souvent des messages qui demandent de les faire suivre à quinze personnes, sinon, il va m'arriver malheur. J'ai horreur de ça, je n'y réponds jamais.

Sur ce blog, je vois d'autres sacs avec d'autres numéros mais pas de 144 Lucia.

Ah oui, je vois une case spéciale pour la recherche « pour trouver votre sac-à-cadeaux, taper ici son numéro et/ou son nom ». Je tape N°144, et oh surprise, c'est MON sac !! Oh c'est chouette ! Je vois tous les voyages qu'il a faits. Les gens ont l'air content d'avoir reçu des cadeaux. Il y a aussi un lien vers une association « Nouveaux pas pour Lucia ». Ah d'accord, je comprends, c'est un sac qui circule pour soutenir une petite fille malade. Alors, là, c'est différent, c'est une cause humanitaire.

En haut, il y a une case « contact », je vais envoyer un message pour signaler qu'il est en ma possession, on verra bien !

Bonjour

Je me permets de vous contacter car j'ai trouvé l'un de vos sacs-à-cadeaux. Il était suspendu sur le panneau d'entrée du village où je travaille, je ne sais pas du tout pourquoi. Je ne sais pas quoi faire de ce sac.

Pouvez-vous m'en dire plus SVP ?

Merci

Nadine Castellou

Bonjour Nadine,

Merci beaucoup pour votre message et votre initiative. Il y a quelques mois, j'ai organisé un concours pour lequel il fallait photographier un sac-à-cadeaux, accroché à un panneau d'agglomération. Voilà sans doute l'explication de votre découverte.

Afin que je puisse vous aiguiller, pouvez-vous me dire quel est le numéro et le nom de ce sac ?

Dans l'attente de vous lire,

Vous remerciant,

Bonne journée

Nelly

13 juin

Bonjour Nelly,

Merci pour votre réponse rapide. Sur le sac, il est brodé « N°144 LUCIA ». Il contient de nombreux objets : un bob, un porte-clefs, un pot en verre, un CD, etc.. Si vous voulez, je peux vous transmettre une photo ? Il faut que je vous dise aussi, que je ne suis pas fan des chaînes, je voudrais juste vous le rendre, si vous en avez besoin.

Merci pour votre compréhension,

Bonne journée à vous aussi,

Nadine Castellou

Bonjour Nadine,

C'est une excellente nouvelle que vous m'apportez là, je croyais que le sac Lucia était perdu pour toujours. En fait, la dernière personne qui l'a reçu, était convaincue qu'il avait été jeté à la poubelle par erreur et détruit. Elle s'en voulait de l'avoir perdu. Elle va être très contente de voir que vous l'avez retrouvé. Quelle chance !

Si vous pouvez m'envoyer une photo, ce sera super, je la mettrai sur le blog pour annoncer la bonne nouvelle. Cela fera plaisir aussi à la famille de la petite Lucia.

En ce qui concerne la suite du voyage, si le concept ne vous plaît pas, ce n'est pas du tout un souci. Nous allons trouver ensemble une solution qui vous convienne. Pouvez-vous me dire dans quel département vous vous trouvez SVP ?
Merci
A bientôt
Nelly

8 juillet

Bonjour Nelly,
Désolée de ne pas vous avoir répondu plus tôt mais j'étais en vacances. Je vous joins la photo du sac avec les objets que j'ai trouvés dedans. J'habite à Lamontjoie, dans le Lot-et-Garonne. Pouvez-vous me dire ce que je dois faire avec ce sac SVP ?
Merci
Bon après-midi,
Nadine

Bonjour Nadine,
Merci pour votre message, j'espère que vous avez passé de bonnes vacances.
Vous habitez un très beau département. Voici ce que je peux vous proposer. L'une de mes amies et fidèle

participante au voyage du sac-à-cadeaux, va se
déplacer près de chez vous dans quelques jours. Si vous
êtes d'accord, elle pourra venir chercher le sac 144 à
votre domicile ou à un endroit de votre choix, si vous
préférez. Qu'en pensez-vous ? Ainsi, le sac pourra
poursuivre sa route et vous n'aurez à vous occuper de
rien (et il ne vous sera pas jeté de mauvais sort, c'est
promis !).

À vous lire,
Bonne soirée
Nelly

Bonjour Nelly,

Votre solution me convient tout à fait ! Votre amie
peut venir le chercher quand elle veut, un jour de
semaine, aux horaires de bureau, à la mairie de
Lamontjoie. Il lui suffira de me faire appeler par la
personne de l'accueil. Merci beaucoup !
Et bonne continuation à vous et à tous les sacs
qui voyagent.

Bien cordialement,
Nadine Castellou.

9 juillet

Chère Marikafée,

Bonne nouvelle ! Comme nous en avons parlé au téléphone hier, tu vas pouvoir aller récupérer le sac Lucia à la mairie de Lamontjoie. Il te suffit d'y aller en semaine aux horaires de bureau (mais c'est bon, puisque c'est mardi prochain que tu vas chez Alice) et de demander à voir Madame Nadine Castellou à l'accueil.

Je te remercie beaucoup d'accepter cette mission et de faire ce petit détour. C'est très gentil de ta part. C'est une réelle chance pour moi que tu ailles chez Alice. Non seulement, tu vas passer une super journée avec elle, mais en plus tu vas sauver le sac Lucia. C'est super. Je vais prévenir Yvette que le sac est retrouvé, elle va être soulagée. Ensuite, il te faudra sans doute l'envoyer à Marraine. Si ce n'est pas possible à cause des horaires restreints de ton bureau de poste, à ce moment-là, peux-tu demander à Alice de s'en occuper ?

Merci copine,

Bisous

Nel

Salut Nel,

Pas de problème, c'est avec plaisir.

Je crois aussi que ce serait mieux de voir avec Alice pour le poster. Ou alors, peut-être que nous pourrons y aller toutes les deux, mardi après-midi, à la poste du village d'Alice.

Peux-tu me redonner l'adresse de Marraine STP ? De cette façon, nous allons gagner du temps. D'ailleurs, cela me donne une idée, je vais même emmener les deux autres sacs que je dois expédier depuis des semaines, sans pouvoir aller à la poste. Trois sacs qui vont reprendre la route, voilà une bonne nouvelle.

Je t'embrasse

À bientôt

Marika

16 juillet, Marikafée

Bonsoir Nel,

C'était super cette journée avec Alice, elle est vraiment très gentille. Je me demande pourquoi je ne vais pas la voir plus souvent, le manque de temps bien sûr. Nous avons bien papoté, cueilli des fruits et des légumes dans son beau jardin et nous sommes allées à la poste ! C'est un tout petit bureau de poste, qui risque d'être supprimé bientôt malheureusement.

La postière était très efficace, elle est même restée quelques minutes de plus, car nous sommes arrivées juste avant la fermeture. Elle nous a fait rentrer et a fermé la porte du bureau pour s'occuper de nous quand même, quelle chance ! Alice en avait un aussi, du coup, nous avions quatre colis à affranchir. Pour la préposée, c'était sa plus grosse vente de la journée. Voilà le sac Lucia est parti chez Marraine, j'ai laissé tous les cadeaux dedans sauf le CD de JJG que j'ai gardé pour toi qui l'aimes tant ! Je sais bien que Marraine est la plus grande fan de Johnny, elle n'en aura pas besoin. Par contre, elle va être contente, car parmi les cadeaux, il y avait un bob de son idole. Au fond du sac, il y avait aussi un post-it sur lequel était écrit « pour Yvette », je l'ai enlevé. Sur la fiche, j'ai noté 252 km (de Nadine du 47 à Marraine du 12).

Voilà, mission accomplie avec plaisir !

Alice t'embrasse.

Bisous

Marika

PS : La dame de la mairie était sympa, mais j'ai eu l'impression qu'elle était satisfaite de se débarrasser du sac !

19 juillet, Marraine, Midi-Pyrénées

Chère Nelly,

J'espère que tu vas bien. Hier, le facteur m'a bien surprise en me livrant le sac Lucia. Je ne m'y attendais pas, je croyais même qu'il était perdu depuis longtemps. D'après la fiche, c'est Nadine qui me l'a envoyé, mais je ne sais pas qui elle est. Il est inscrit qu'elle habite dans le Lot et Garonne, elle a noté 252 km. Peux-tu me donner l'adresse de la prochaine personne inscrite STP ? Car je vais déjà commencer à préparer des cadeaux.

Macarel, c'est un peu bizarre ce que j'ai découvert dans ce paquet. D'abord, l'odeur en ouvrant le colis : une forte odeur de citron et de produit chimique. On dirait que ce tissu a été imbibé de K2R car il est tout auréolé.

Ensuite les cadeaux que j'ai reçus sont un peu « originaux ». Ils sont différents de ce que l'on reçoit habituellement. Je me suis d'abord demandé si ce n'était pas une erreur de destinataire car j'y ai trouvé un rond de serviette portant ton prénom (je te l'enverrai à la prochaine occasion). Mais finalement, je crois que c'est bien pour moi car j'ai reçu un superbe bob de Johnny (j'adore !), un paquet de madeleines (j'en ai déjà dévoré la moitié, hum.. dommage pour ma ligne) et aussi une petite Sainte Vierge qui vient de Lourdes (je les collectionne).

L'odeur de citron vient d'un truc à accrocher au rétro d'une Deux Pattes. Ce n'est pas désagréable mais tous les objets sentent le citron, y compris le bob. C'est rafraichissant ! Sinon, encore plus bizarre une rose ligotée dans « Le Républicain

Lorrain » (j'ai récupéré le ruban, qui est super beau par contre), un pot de confiture à la framboise (ça pègue un peu), et des babioles comme une capsule de café que je laisserai dans le sac (je ne peux pas l'utiliser, je n'ai pas de cafetière à capsules de plastique - elles polluent trop), une couronne d'Epiphanie (étrange en cette saison). Il y a aussi un T-shirt pour homme, avec un dessin de loup. Tu vois comme c'est bizarroïde ? Je pourrai le porter, mais pour dormir seulement, car il est grand, ça me fait une chemise de nuit. J'y ai trouvé aussi une bobine de ficelle, qui peut toujours servir pour bricoler. Ah j'oubliais peut-être le plus important ! J'ai mené mon enquête ! Dans le sac j'ai trouvé un porte-clefs d'entreprise sur lequel est imprimé « Transports Tateaux » (je te joins la photo). J'ai cherché sur internet, et j'ai trouvé leur site. C'est un transporteur de Lorraine (ça correspond bien au papier journal). Sur le site Tateaux, il y avait un onglet « contactez nous », j'ai envoyé un message. Tu crois que j'ai bien fait ?

Je te dirai si je reçois une réponse.
À plus,

Bisous
Marraine

19 juillet, Noémie, en Lorraine

— Allo, tout va bien Joël, tu es arrivé à temps pour livrer à Montargis ?

— Oui, j'y suis encore, j'ai pu prendre la file avant la fermeture, ils vont prendre mes palettes quand même, mais c'était ric-rac. Un peu plus, et j'étais bon pour dormir là. Du coup, je vais pouvoir rentrer ce soir tard.

— Désolée, il va te falloir de la patience

— Pas grave, je lis mon bouquin

— Ah bon, tu bouquines toi ? C'est nouveau ? Je te trouve de plus en plus bizarre en ce moment. Surtout que je viens de recevoir un message très spécial sur le site, je pense qu'il est pour toi. Il est question d'un sac en tissu « Lucia », il me semble bien que tu m'avais parlé d'un prénom de ce style. Ou alors tu avais rencontré une Lucie ou une Lucienne à ton anniversaire ? Tu es toujours amoureux ? La dame s'appelle « Marraine », ou c'est peut-être un pseudo, et dit qu'elle a trouvé un porte-clefs de notre société dans le sac en question, ainsi que la page « Sports » du Républicain Lorrain. Ça te dit quelque chose ?

— Tu rigoles ou quoi ? C'est vrai ? Tu en es sûre ?

— Mais oui, puisque je te le dis, je ne l'ai pas inventé. Je vois bien que ce n'est pas une demande de cotation pour une livraison de marchandises, ce message.

— C'est « ma reine » qui m'a retrouvé ! Elle n'est pas en colère ? Elle t'a laissé son 06 ?

— Calme toi Joël, le message semble plutôt bienveillant mais elle n'a pas donné son numéro, elle a juste demandé si le porte-clefs était à nous. Si tu veux, je lui demande son numéro et je te le transfère ensuite ?

— Oui oui, demande-lui son numéro et son adresse aussi, s'il te plait, je te revaudrai ça !

— Son adresse aussi ?

Ah l'amour...

20 juillet, Jojo, Thionville

— Allo, bonjour ma reine, euh pardon, bonjour Madame, excusez-moi de vous déranger, ce n'est pas pour de la pub ou pour une enquête, je suis les transports Tateaux. Il paraît que vous avez trouvé mon porte-clefs ?

— Les transports Tateaux ? Boudiou ! le porte-clefs du sac Lucia, en effet. Il est à vous ?

— Oui, c'est mon porte-clefs, c'est moi qui l'ai mis dans le sac il y a quelques semaines, avec plein d'autres cadeaux.

— C'est vous aussi qui m'avez offert le bob de Johnny ? Ou alors c'est Nadine ?

— Je ne connais pas de Nadine, mais, oui, c'est mon bob, je l'avais en double ! Il ne vous plait pas ?

— Vous rigolez ? Je suis la plus grande fan de Johnny ! J'adore, d'ailleurs, je le porte en ce moment.

— Sérieux ? Moi aussi, je porte le mien, le même ! En vérité, je vous le dis, c'est MOI le plus grand fan de Johnny. D'ailleurs, mon surnom c'est Jojo, c'est carrément écrit sur la plaque dans mon camion. Tout le monde m'appelle Jojo, sauf ma patronne.

— Ça alors, c'est trop fort ! Mais comment se fait-il que vous ayez reçu le sac Lucia, Jojo ? C'est une certaine Nadine qui me l'a envoyé. Elle n'est pas en Lorraine mais dans le Lot-et-Garonne.

— Dans le 47, ah oui, c'est normal, mais c'est une longue histoire ! Si vous voulez, je pourrai tout vous raconter un jour, car c'est trop long, je n'ai pas le temps ce matin. Je suis chauffeur routier national, si un jour je livre dans votre région, je peux m'arrêter vous voir ? Qu'en dites-vous ? Vous êtes dans quel département ?

— Je vis dans l'Aveyron, c'est bien loin de la Lorraine, et je ne vous connais pas. Mais si vous roulez partout et que vous passez par ici pourquoi pas ? Nous parlerons de Johnny et vous me raconterez tout ça, en tout bien tout honneur.

— D'accord, ça roule ! Je vous téléphonerai pour vous prévenir ou je vous enverrai un message pour avoir votre adresse. Vous n'avez rien à craindre de moi, je n'ai jamais fait peur à qui que ce soit.

— Pas de soucis, ce sera avec joie, le plus grand fan de Johnny, après moi, ne peut être que très gentil. D'ailleurs, je garde le porte-clefs ! A un de ces jours !

— Oui à bientôt « ma reine », euh Madame.

21 juillet

— Allo Patronne ?

— Bonjour Joël, qu'est-ce qu'il se passe ? Tu es en repos aujourd'hui. Tu t'ennuies, tu veux du travail ? Tu veux que je te trouve une livraison à faire ?

— Hihi négatif, je sais bien qu'on est dimanche. Mais il m'arrive un truc de dingue et je ne sais pas à qui le raconter, à part à toi !

— Bon, pour tout te dire, tu me réveilles, tu sais bien qu'il n'y a que le week-end que je peux faire la grasse matinée, mais vas-y, je t'écoute. Si c'est pour m'annoncer que tu es amoureux, je le sais déjà ! D'ailleurs, j'ai une surprise pour toi. Je ne voulais pas te le dire tout de suite, mais puisque tu m'appelles, c'est fait.

— Une surprise ? Ah bon ? Ça n'arrête pas en ce moment ! Et je ne suis pas du tout amoureux, enfin, je ne crois pas, enfin peut-être que si, je ne sais pas encore. J'ai appelé la Marraine qui t'a envoyé un message. Et devine un peu ?

— Je ne devine pas, mais je t'écoute

— C'est la plus grande fan de Johnny ! Euh après moi, bien sûr !

— Ça alors, quelle coïncidence ! C'est une excellente nouvelle, et pour être franche ça m'arrange !

— Ah bon ? Mais pourquoi ça t'arrangerait ?

— À cause de ma surprise ! C'est ton cadeau d'anniversaire avec du retard

— Ah oui, mais c'est quoi, cette surprise ?

— Ce sont deux billets de concert.

— C'est super mais pour voir qui ? Pour notre regretté Johnny, c'est trop tard, tu le sais bien.

— Oui, je suis au courant, en fait, c'est un concert donné par un jeune groupe de rock, qui reprend tous les tubes de l'idole des jeunes (hum et des moins jeunes, si tu vois ce que je veux dire).

— Merci de me rappeler mon grand âge ! Mais tu me fais super plaisir, d'ailleurs, il faudrait que je propose à Marraine de m'y accompagner ! Ça se passe où et quand ?

— Le groupe fait une tournée dans toute la France pendant plusieurs mois, tu peux choisir le lieu et la date, en cliquant sur leur site. C'est chouette, n'est-ce pas ?

— Extra en effet ! Est-ce que je peux passer les chercher ce matin chez toi ? Parce que là, je suis une vraie boule de nerfs, on dirait Johnny en personne.

— D'accord, Joël, je ne vais pas te faire attendre plus longtemps. Tu peux venir en milieu de matinée, car là, je sors juste du lit !

— Oui, pardon pour le dérangement, encore merci et à tout à l'heure !
Youhou !!

26 août, Jojo

Depuis que j'ai pris rendez-vous avec Marraine pour ce concert à Toulouse, dans un mois exactement, je sifflote, je chantonne au volant de mon poids lourd. J'ai même écrit une chanson. Je vous la chante tout de suite si vous voulez ?

Je suis amoureux d'une femme, ma reine,
Je suis amoureux d'une femme jolie.
Je suis amoureux d'une femme, qui règne,
Je suis amoureux, d'une fan de Johnny !

Quelques mois plus tard, 19 avril, Noémie, Lorraine

Madame, Monsieur,
Je me permets de vous contacter car j'aimerais vous passer une commande. J'ai fait une recherche sur votre site, mais je n'ai pas trouvé l'accès au tarif. Pouvez-vous s'il-vous-plait m'indiquer le prix et le délai pour un sac, afin de pouvoir vous faire parvenir une commande par retour.
Dans cette attente,
Meilleures salutations,
Noémie Tateaux

Bonjour Madame Tateaux,
Merci pour votre message et bienvenue.
C'est tout à fait normal que vous n'ayez pas trouvé de tarif sur le blog, car il n'en existe pas. Il s'agit en effet, d'un concept lié aux cadeaux et au partage, ce n'est pas payant et vous ne pouvez pas commander. Mais je peux tout de même vous aider à participer.
Pouvez-vous me dire comment vous avez découvert ce blog ?
Dans l'attente de votre réponse,
Bon après-midi,
Nelly

20 avril

Bonjour Madame,

Je vous remercie pour votre réponse rapide.

Je ne comprends pas bien comment vous procédez sans tarif et sans bon de commande. Pouvez-vous m'en dire davantage ?

J'avais vu un sac comme les vôtres l'année dernière, et j'avais noté le nom figurant sur l'étiquette, en prévision de faire une recherche ultérieurement. Je me demandais si cela existait toujours. Il semblerait que oui. Comment fait-on pour acquérir un sac SVP ?

Bien cordialement,
Noémie Tateaux

Bonjour Noémie,

Je me permets de m'adresser à vous par votre prénom, car c'est ce qui se fait traditionnellement sur ce blog. Je vous invite à faire de même pour moi, et d'éviter les « Madame », si cela ne vous ennuie pas. Vous avez eu une excellente idée en faisant cette recherche sur internet.

En réalité, on ne peut pas « acquérir » les sacs-à-cadeaux, c'est une des raisons pour laquelle ils sont gratuits. Vous pouvez seulement les recevoir ou les confectionner afin de les utiliser pour offrir des cadeaux. Ces sacs remplacent le papier cadeau jetable.

Ils voyagent de cadeau en cadeau, avec une fiche de suivi dans la poche.

Si vous souhaitez participer à cette aventure, qui a démarré il y a maintenant huit ans, il existe plusieurs solutions.
Vous pouvez :

- soit vous inscrire au voyage d'un sac qui circule avec un livre et une liste d'inscriptions,

- soit coudre vous-même votre sac-à-cadeaux et le faire voyager,

- soit en recevoir un, déjà fait, et l'utiliser pour offrir des cadeaux à la personne de votre choix.
Quelle est la solution qui vous convient le mieux ?
Bonne soirée
Nelly

Bonjour Nelly,

Vous avez raison, l'usage des prénoms est beaucoup plus convivial, mais je ne suis pas du tout rompue à l'univers des blogs. Je vous prie de pardonner ma maladresse. N'hésitez pas à me signaler si certaines de mes questions sont trop nombreuses et déplacées, mais votre concept éveille ma curiosité.

Parmi vos trois propositions, je ne comprends pas trop comment fonctionne la première. Quant à la seconde option, il faut que je vous dise tout de suite, que je préfère déclarer forfait. Je dois vous avouer que je ne sais même pas coudre un bouton (j'ai déjà tenté l'expérience, mais je suis terriblement maladroite. Au final, j'ai dû acheter un nouvelle chemise à mon mari). Parmi vos propositions, pour moi, ce serait plutôt le troisième choix. Pouvez-vous m'indiquer comment procéder ?

L'année dernière, Joël, l'un de mes collaborateurs et amis avait trouvé un sac dans des circonstances un peu étranges, sans bien savoir de quoi il s'agissait. Il s'en est tellement bien occupé, qu'à un moment donné, une personne a cherché à le contacter via le site de mon entreprise. Cela lui a permis de rencontrer l'âme sœur, et au bout du compte, c'est indirectement grâce à vous, qu'il s'est marié cette année. C'est assez fou, n'est-ce pas ? Il était temps d'ailleurs, car il devenait vieux garçon et il commençait à désespérer de trouver l'amour un jour. Je suis ravie pour lui. Quand il m'a montré cet étrange ouvrage, j'ai noté la référence, en me disant que j'irai voir ça plus tard, « quand j'aurai le temps ». Avec mon activité professionnelle, je n'ai pas eu de créneau avant, mais depuis peu, je suis à la retraite, alors me voici à vous questionner.

Bien à vous,
Noémie Tateaux

PS : Je vous félicite pour ces huit années d'activité.

21 avril

Bonsoir Noémie,

C'est une très belle histoire qui est arrivée à votre ami. Je n'en reviens pas ! Un mariage grâce à un sac-à-cadeaux ! C'est incroyable. Merci de me l'avoir racontée, elle me touche infiniment. Je me demande bien de quel sac il s'agissait. Est-ce que vous vous souvenez du nom ou du numéro ? Il était de quelle couleur ? Est-il toujours entre les mains de Joël ou l'a-t-il transmis à quelqu'un d'autre ?

Si vous avez envie de participer et que vous ne pouvez pas coudre, je vais essayer de vous en trouver un disponible ou sinon je pourrai en confectionner un nouveau et vous le faire parvenir par courrier.

Pouvez-vous m'en dire plus sur ce que vous voulez en faire ? Avez-vous déjà un projet de cadeau précis ? Cette fois-ci on dirait que c'est moi qui vous pose un tas de questions…

Dans l'attente de vos nouvelles,
Nelly

22 avril

Bonjour Nelly,

Est-ce que vous insinuez que c'est gratuit ? Cela ne me paraît pas possible. Je sais parfaitement que, dans la vie, à part les sourires (et la méchanceté), il n'y a jamais rien de gratuit. Comment faites-vous ? Vous avez bénéficié d'un héritage ou gagné au loto à un moment donné ? De plus, cela doit prendre énormément de temps de coudre tout ça. Quand j'ai regardé sur le blog, j'ai vu des dizaines de sacs différents. Combien y en a-t-il en tout ? J'ai remarqué, par exemple, le numéro 454. Est-ce que cela signifie qu'il en existe plus de 400 ? Vous n'en avez quand même pas financé, cousu, et expédié 454 ? Ou alors, vous avez quatre bras et des actions à la poste ? Quel est votre secret ?

Et si cette activité n'est pas lucrative, dans quel but la développez-vous ? J'espère que je ne suis pas trop indiscrète, veuillez me pardonner dans le cas contraire. Pour en revenir à celui de Joël, il me semble qu'il était bleu et blanc, avec des petits motifs. Je n'ai pas malheureusement pas retenu son numéro mais je me souviens qu'un prénom de femme était brodé, Lucie ou Lucienne ? Est-ce que cela vous parle ?

À mon avis il ne l'a plus. Il a dû le donner ou le remettre à l'endroit où il l'a trouvé et que c'est ainsi qu'il a rencontré sa femme. Je n'en sais pas plus, si vous avez besoin de davantage de détails, je lui en demanderai quand je l'aurai au téléphone. Je ne le vois plus très souvent, car il a déménagé pour aller vivre dans le Sud, chez son épouse.

En fait, mon idée serait d'offrir un cadeau de Noël aux deux tourtereaux, par ce procédé qui leur a porté chance. Qu'en pensez-vous ? Je crois que cela leur fera une sacrée surprise !

À vous lire,

Noémie

Bonsoir Noémie,

Je vous rassure, vous n'êtes pas indiscrète, je vais tout vous expliquer car je n'ai pas d'actions à la poste, et je n'ai pas gagné le gros lot non plus, surtout que je ne joue jamais au loto.

C'est vrai que plus de 400 sacs sont en circulation. Mais, d'une part, je ne les ai pas tous confectionnés moi-même. De nombreuses couturières, débutantes ou expertes, se sont jointes à moi. Et d'autre part, j'utilise principalement des tissus recyclés pour ces ouvrages. Vous avez raison, j'en ai quand même cousu et expédié un grand nombre, mais c'est étalé sur plusieurs années. Certains d'entre eux ont parfois été remis en mains propres. Dans ce cas, cela échappe au chiffre d'affaires de la Banque Postale. À ce jour, le total des kilomètres parcourus dépasse trois millions. C'est vertigineux mais, comme dirait l'autre, tout ne s'est pas fait en un jour.

En vrai, tout n'est pas toujours rose, vous savez ? Une fois, je me suis même fait insulter par une dame qui était furieuse d'avoir reçu un sac par surprise. Elle m'a juré qu'il était hors de question qu'elle le donne à qui que ce soit et que son voyage était définitivement stoppé.

Le but n'est donc pas pécuniaire. Il s'agit simplement de partage, d'amitié, de création, d'aventure, d'échanges.

Est-ce que le sac que vous a montré Joël pourrait être le N°144 Lucia ? Il n'existe pas de sac Lucie ou Lucienne pour l'instant, et c'est le prénom qui se rapproche le plus. Celui-ci est blanc, avec des petits cœurs bleus et les anses rouges, ça pourrait correspondre ? Je vous envoie sa photo en pièce jointe. Il voyage toujours, il a été cousu en soutien à l'association (Nouveaux pas pour Lucia) qui se bat pour cette petite fille.

Je trouve que c'est une super idée que vous avez là, de faire une surprise aux amoureux. Après tout, ce concept leur a porté bonheur ! Cela devrait continuer.

J'ai envoyé un message à plusieurs participantes qui devraient être en possession d'un sac en attente d'idée de projet, je vous tiens au courant dès que j'ai du nouveau. Nous avons encore quelques mois devant nous.

Il est tard, si je veux garder des forces pour lire un peu, je dois vous laisser.

À très vite,
Nelly

23 avril

Chère Nelly,

La description que vous faites du sac correspond tout à fait. C'était bien le prénom de Lucia, qui était brodé. Je me souviens qu'à un moment donné, Joël m'avait demandé si je connaissais une femme qui portait ce prénom. Il s'agit bien de celui-ci, je vous le confirme.

Votre dernière phrase m'a fait penser à une autre chose que j'ai omis de vous raconter, et qui va sans doute vous réjouir aussi. En effet, mon ami n'a pas seulement trouvé une épouse « grâce à vous », il a aussi démarré la lecture. Je vous explique : dans le sac, il avait découvert un livre. Or, il n'avait jamais rien lu depuis les lectures obligatoires du collège et quelques BD. Sur ces entrefaites, on peut quasiment dire que c'est à 47 ans qu'il a appris à lire. C'est absolument incroyable, n'est-ce pas ? Il a tellement aimé cet ouvrage, qu'il a acheté tous les romans de cet auteur, puis il s'est inscrit à la bibliothèque pour en découvrir d'autres dans des styles différents. Depuis, il ne s'est jamais arrêté, il a même fabriqué de ses mains une boîte à livres pour son nouveau village.

Pour Noël, ce sont donc des livres que j'aimerais lui offrir. Je me permets à ce propos de vous remercier à nouveau pour Joël, car ce nouveau loisir est un bonheur supplémentaire pour lui. Comme vous le voyez, ce sac a entièrement changé sa vie. Voilà ce que je désirais vous dire aujourd'hui : merci pour lui !

Noémie.

24 avril, Yvette, « pôle Nord »

Il est 2H17, c'est long. Cela doit faire plus d'une heure que je tourne en rond. Mon drap va être tout usé, et si ça continue je vais finir par réveiller Michel, à force de tirer sur la couette. C'est décidé, si à 3H17 je ne dors toujours pas, j'attaque mon repassage. C'est le message de Nelly qui m'a énervée comme ça. Je suis tellement contente que le sac Lucia ait été retrouvé, quel soulagement ! Franchement, je n'aurais pas parié un kopeck sur sa survie. Du coup, ça m'a replongée dans le sentiment de stress que j'avais ressenti ce jour-là, mais pour rien, puisqu'il n'est plus perdu. Malheureusement, c'est plus fort que moi, les idées noires me rattrapent à chaque fois. Pourtant, j'ai lu quelque part que la plus grande partie de nos angoisses quotidiennes concernent des faits qui ne se réaliseront jamais. Il va falloir que je concentre mon esprit sur du positif, c'est une méthode qui fonctionne bien, et au pire, ça ne me fera pas de mal.

Finalement, je me suis bien vite réadaptée à cette vie dans le Nord. Encore une fois, je me suis inquiétée pour pas grand-chose. En vérité, il y fait bien moins froid que dans mes souvenirs d'enfance, sans doute à cause du réchauffement climatique. Cet hiver, je n'ai pas croisé le moindre flocon de neige. Il ne pleut pas souvent non plus contrairement à la légende. De plus, j'ai gardé contact avec mes amies du Lot-et-Garonne et j'ai fait de nouvelles rencontres ici.

Quelques semaines après notre installation, mon homme a vite retrouvé ses anciens amis, fans de football. Ce retour au pays lui a fait le plus grand bien, il a pour ainsi dire, retrouvé sa joie de vivre. Il est métamorphosé. Et l'une des premières choses qu'il a voulu faire, c'est de m'emmener voir un match de football à Lens, avec eux. Inutile de dire que je n'étais pas des plus enthousiastes. Mais il a tellement insisté du matin au soir en me disant qu'il fallait absolument que j'y assiste au moins une fois dans ma vie, que j'ai cédé. D'autant plus que les épouses de ses copains étaient d'accord pour y aller aussi. Après coup, je sais que j'ai très bien fait mais le jour J, je manquais franchement d'entrain. La mi-temps du match m'a vraiment bien plu car au moment où les nombreux supporters ont entonné « Les corons » de Pierre Bachelet, c'était hyper émouvant. Tout le public chantant à l'unisson, c'était vraiment très chouette, l'émotion était palpable. Après ça, il a fallu que je trouve une occupation, car je ne voyais pas d'intérêt à suivre les mouvements du ballon. J'ai cru comprendre que ma voisine de gradin était dans la même situation. Jeanine avait également accepté d'accompagner son mari, sous la torture. Nous avons conclu à un complot de la part de ces messieurs. Bien sûr, nous avons papoté et ri pendant tout le reste de la partie, sans prêter la moindre attention à ce qui se passait sur la pelouse.

Le lendemain, nous nous sommes retrouvées en nous demandant qui avait remporté le match.

Cela nous a fait bien marrer, et à partir de ce moment-là, une joyeuse complicité s'est définitivement installée entre nous.

Un jour, lors d'une de nos nombreuses balades, j'ai raconté à Jeanine comment je me suis fait attaquer par les Huns du Lot-et-Garonne. Ma nouvelle amie a explosé de rire et m'a demandé comment elle pourrait participer elle aussi à cette aventure. D'autant plus, qu'elle a un sérieux avantage sur moi : elle sait coudre, elle a même proposé de m'apprendre. En échange, je lui apprendrai les rudiments de l'informatique, car d'après elle, c'est une vraie quiche en la matière.

Cet après-midi, nous avons rendez-vous pour une première leçon : comment prendre contact avec le blog.

3H23, c'est parti pour le repassage. Inutile de tourner et de ratatourner plus longtemps au lit, mon drap va finir par se déchirer. Les avantages du repassage nocturne sont nombreux, c'est pour moi la meilleure solution en cas d'insomnie : ce n'est pas bruyant, c'est en tarif heures creuses, c'est fatigant, et cela se transforme en bonne nouvelle, le matin, quand, en se levant, on trouve les jolies piles de linge plié comme par magie. On dirait que ce sont des petits lutins de la nuit qui ont fait tout le boulot.

L'après-midi, avec Jeanine, comme prévu, nous avons fait la recherche du blog sur le web et l'avons longuement feuilleté. Mon amie a tout de suite été très intéressée. Il était temps de passer à l'écriture du message. Je lui ai indiqué où cliquer sur « contact » et nous l'avons rédigé ensemble. Nous avons passé ainsi un agréable moment, qui n'était en fait que le début d'une longue et solide amitié. Entre son expertise en couture et mes facilités en informatique, nous formons une super équipe, pour longtemps.

Bonjour Nelly,

Je vous écris ce message en compagnie d'Yvette, que vous connaissez bien et qui m'a parlé de votre blog.
Elle m'a expliqué que je pouvais coudre un sac-à-cadeaux et le faire voyager en offrant des cadeaux à la personne de mon choix. La couture est ma grande passion et j'aimerais participer.
Comment savoir quel est le nom du sac que je peux broder ? Yvette me dit également de vous demander un numéro. Pouvez-vous me dire quoi ?
Vous remerciant d'avance pour votre réponse,
Jeanine

25 avril

Chère Jeanine,
Yvette a eu une excellente idée de vous inviter à se joindre à nous, je vous souhaite la bienvenue dans cette aventure !
Sur le blog, vous pourrez trouver le tuto en quatre étapes avec toutes les indications utiles pour coudre un

sac-à-cadeaux, il s'agit d'ailleurs d'un modèle très simple, en particulier pour une passionnée de couture. Si vous n'avez pas d'idée pour le nom du sac, je peux vous faire une suggestion.

Que pensez-vous du « sac d'Yvette » ?

Si ce nom vous convient, il s'agira du numéro 503. Il vous faudra donc broder : « N°503 Le sac d'Yvette ». Cela fera sans doute plaisir à notre amie commune. Dès que vous me confirmerez, je vous réserverai ce numéro et lorsque votre ouvrage sera prêt, il vous suffira de mettre une photo, ici en pièce jointe, par e-mail, pour que j'enregistre le nom du sac dans ma liste. Je vous souhaite un excellent moment de couture ! À bientôt.

Nelly

28 avril

Chère Noémie

Me voici de retour avec une bonne nouvelle pour vous et votre projet. J'ai repéré un sac qui attendait avec impatience une nouvelle mission-cadeau. Il s'agit du N°117, que vous pouvez voir ci-joint en photo. Avec ce nom et ce tissu, c'est l'idéal. Il s'appelle « Et si Noël durait toute l'année ». Il a été cousu par Virginie. C'est « Clauderose » la dernière personne qui l'a reçu. Elle

est d'accord pour vous le faire suivre. Elle est très
gentille. Il suffit pour cela que vous me communiquiez
votre adresse postale.
Dans cette attente,
Nelly

Bonjour Nelly,

Un grand merci, c'est vraiment formidable.
Voici mon adresse personnelle :
Noémie Tateaux
23 rue des Clefs Perdues
57700 Neufchef

De ce fait, vous allez transmettre mon adresse à
Clauderose ? Mais elle va m'envoyer le 117, tout
simplement, gratuitement, sans me connaître et sans
rien demander en échange ? C'est très gênant, je
trouve ! Mais si c'est le cas, c'est très sympathique de
sa part.
Je vous laisse tranquille car vous devez sans doute
répondre à de nombreux messages. J'espère pour vous
que tous vos contacts ne sont pas aussi bavards que
moi.

Je me permets de vous embrasser,
Noémie

21 mai

Chère Claude,

Je vous adresse cette lettre pour vous remercier chaleureusement de l'expédition du numéro 117. C'est une bien jolie surprise. Evidemment, je m'attendais à le recevoir, mais j'avais imaginé qu'il serait vide ; certainement du fait que j'avais moi-même sollicité Nelly via cet étonnant blog.

Quand j'ai déballé votre gros colis, c'était effectivement Noël, comme son nom l'indique en somme. Je suis vraiment gâtée, tous ces présents me sont-ils destinés ? La jolie trousse brodée, le chocolat au beurre salé, le thé, et le livre ?

En fait, pour être sincère, j'espère que tout était réellement pour moi, car j'ai déjà bien entamé le chocolat, c'est-à-dire qu'il n'en reste presque plus. Et en vous écrivant, je déguste une tasse de votre thé bio (il est merveilleux). De plus, j'ai commencé la lecture de « Vent d'espoirs » hier soir. Je l'apprécie tellement que j'ai même eu de la difficulté à interrompre ma lecture pour dormir. Il est passionnant et très addictif. Je ne connaissais pas l'auteure Monique Massot, c'est une belle découverte. Je vais d'ailleurs me replonger dans l'histoire juste après être allée à la poste, pour vous expédier ce petit colis.

J'espère que ces gourmandises de Lorraine vous feront plaisir. Elles sont destinées à vous remercier de votre gentillesse et de votre générosité.

Dans la vie, j'ai parfois eu tendance à manquer d'optimisme. Je me dis maintenant que tout n'est pas perdu et qu'il suffit parfois d'ouvrir les yeux et de s'intéresser aux autres.

Amicalement,
Noémie

Et si Noël durait toute l'année ?

Vous avez un e-mail

Chère lectrice, cher lecteur,

J'ai écrit cette histoire avec le projet d'expliquer le fonctionnement du concept, de façon romancée. Ainsi, vous savez comment procéder si vous recevez un sac-à-cadeaux.

Voici l'adresse du blog :

http://le-voyage-du-sac-a-cadeaux.com.over-blog.com

Ce livre est vendu au profit de l'association :

Nouveaux Pas Pour Lucia
Association NPL
51 route de Bletterans
39570 Courlans
www.nouveaux-pas-pour-lucia.org

Au cours de cette nouvelle, j'ai cité les deux (excellents) romans suivants :

La descente des anges d'Emmanuel Prost
Aux Editions De Borée

Vent d'espoirs de Monique Massot-Escaravage
Aux Editions A&H

Je vous remercie d'avoir passé ce moment de lecture avec mes personnages réels ou imaginaires. J'espère que c'était une agréable parenthèse.

J'ai commencé à écrire un second épisode. Alors, peut-être à bientôt pour de nouvelles aventures du voyage du sac-à-cadeaux !

Nelly

Références des sacs-à-cadeaux que tu as reçus, envoyés, cousus, ou auxquels tu t'es inscrit :

N°_____   Date : _____

Nom du sac : _____

Commentaires :_____
_____

N°_____   Date : _____

Nom du sac : _____

Commentaires :_____
_____

N°_____   Date : _____

Nom du sac : _____

Commentaires :_____
_____

N°_____   Date : _____

Nom du sac : _____

Commentaires :_____
_____

N°_____   Date : _____

Nom du sac : _____

Commentaires :_____
_____

N°_____   Date : _____

Nom du sac : _____

Commentaires :_____
_____

N°_____   Date : _____

Nom du sac : _____

Commentaires :_____
_____

N°_____   Date : _____

Nom du sac : _____

Commentaires :_____
_____